SCHNEE WAR GESTERN

Was du gegen den Klimawandel tun kannst

Text, design and illustration copyright:

Die Originalausgabe ist bei Welbeck Children's Limited, einem Imprint der Welbeck Publishing Group, erschienen
Titel der Originalausgabe:
Weird Weather & Changing Climates
Redaktion: Bryony Davies und Elly Dowsett
Design: Emily Clarke und Darren Jordan
Bildrecherche: Paul Langan
Herstellung: Nicola Davey

Aus dem Englischen von Julian Funk
Textlektorat: Ulrike Hauswaldt

ISBN 978-3-8458-3560-0

www.arsedition.de

FSC MIX Paper FSC® C144853

Der Verlag dankt den folgenden Institutionen für ihre freundliche Genehmigung, ihre Bilder in diesem Buch zu verwenden (Abkürzungen: o = oben, u = unten, r = rechts, l = links, M = Mitte, H = Hintergrund):

Umschlag:
Andrii_M, AnnstasAg, Natykach Nataliia, Rvector / Shutterstock.com
Innenteil:
ARGO / University of California: 14
Climate Central: 17
Getty Images: Mark Ralston /AFP 42; / Stacey Wescott / Chicago Tribune / TNS 33u
Istockphoto: 5u
Shutterstock (in der Reihenfolge des Erscheinens): 4o Andrey Armyagov, 4M Irin-k, 4u Chokchai Poomichaiya, 4-5H Intrepix , 5o Simon Annable, 5M Aapsky, 6-7 Andrey Armyagov, 7o Intrepix 11o Wildside, 11u 2M media, 12-13 Irin-k, 16M Chumash Maxim, 16u Sixpixx, 19 Vlada Zhi, 20 & 20-21 FloridaStock, 21 ImageBROKER, 23ol ASA Studio, 23u Creatsy, 23or AfriamPOE, 23ur Evgeny Karandaev, 22-23 Vchal, 24-25 Chokchai Poomichaiya, 26-27 Ryan DeBeradinis, 27o AP, 27u Cammie Czuchnicki, 28, 28-29 Goga Shutter, 29 T Photography, 30 Corrado Baratta, 30-31 Phoutthavong Souvannachak, 31 Vladimir Wrangel, 32 Robert Cicchetti, 32-33 Daniel Maurer/ EPA, 34 Ty Lim, 34-35 Marina Onokhina, 35 Ond, Chuhastock, Anatolir, Panda Vector, 36-37 Simmon Annable, 38 Valery Shanin, 38-39 Mathias Sunke, 39 Jim Barber, 40o Zvonimir Atletic, 40u Travelview, 40-41 Harish Tyagi/EPA, 41 ArtLovePhoto, 42o TicaC, 43 Johann van Trodder, 43-44 Paula French, 45 David Evison, 46 Gyvafoto, 46-47 Oticki, 47ol Phant, 47Ml Tomas Regina, 47or Gillian Pullinger, 47Mr Ruksutakarn Studio, 48-49 Aapsky, 50-51 Fotos593, 51o Rich Carey, 51u Dmytro Zinkevych, 52 Smereka, 52-53 Vchal, 53o David Dennis, 53u Adam Goodwillie Photos, 54 Praszkiewicz, 54-55 NadyGinzburg, 55o StreetVJ, 57o Photofusion, 57M Anticiclo, 57u Jason Mintzer, 58M ppart, 58u Pekka Nikonen, 60l Begun1983, 60r Daniele Cossu
Peter Liddiard: 8-9, 10, 18, 26, 33o, 42, 56, 59, 61
NASA Climate 365 Project: 15

Es wurde jede Anstrengung unternommen, die Bildnachweise korrekt zu erstellen und die Copyright-Inhaber aller Bilder zu ermitteln. Der Originalverlag entschuldigt sich für alle unvollständigen Angaben und wird gegebenenfalls Korrekturen in zukünftigen Ausgaben vornehmen.

Hannah Wilson

SCHNEE WAR GESTERN

Was du gegen den Klimawandel tun kannst

arsEdition

INHALT

DIE KLIMAKRISE

Unser Planet erhitzt sich zu stark und zu schnell. Das bringt verrücktes Wetter und extreme Temperaturen mit sich. Das Gleichgewicht, in dem es auf der Erde Leben geben kann, gerät durcheinander. Das nennt man Klimawandel – und wir sind daran schuld. Aber wenn wir die Ursache sind, können wir auch die Lösung sein.

DIE ZEICHEN SEHEN

Bevor wir etwas unternehmen: Lass uns tiefer in die Meere eintauchen. Wir wollen herausfinden, warum sie sich aufheizen und wie ihre steigenden Temperaturen der Erde schaden. Wir werden uns vor Superstürmen schützen, in sengenden Wüsten schwitzen und einen Blick in den Himmel werfen, um uns die Gase anzusehen, die so viele Probleme verursachen.

Die Antarktis, das Gebiet um den Südpol, ist vollkommen von Eis bedeckt. Doch das ändert sich. Die Eiskappen an Südpol und Nordpol schmelzen, die Meeresspiegel steigen an, und die Wirbelstürme, die über die Ozeane rasen, werden immer schneller.

DIE ERDERWÄRMUNG

Vor ungefähr 200 Jahren begann die Industrialisierung: Damals entstanden die ersten Fabriken, in denen viel Kohle verbrannt wurde. Seitdem hat sich die Erde um etwa 1 Grad Celsius (°C) erwärmt. Dieser kleine Anstieg der durchschnittlichen Oberflächentemperatur hat große Auswirkungen auf die Gesundheit unseres Planeten.

FOSSILE BRENNSTOFFE

Kohle, Erdöl und Erdgas sind fossile Brennstoffe. Sie haben sich tief unter der Erdoberfläche aus den Überresten (Fossilien) von Pflanzen und Tieren gebildet, die vor Millionen Jahren lebten. Fossile Brennstoffe enthalten Kohlenstoff, und wenn sie verbrannt werden, wird der Kohlenstoff als Gas freigesetzt: Kohlendioxid (CO_2).

Ein CO_2-Fußabdruck misst die Menge an CO_2 und anderen Treibhausgasen, die etwas freisetzt. Der CO_2-Fußabdruck einer Gabel enthält zum Beispiel das CO_2, das durch den Abbau des Metalls, das Schmelzen in einer Fabrik und den Transport in ein Geschäft durch Lkws verursacht wird.

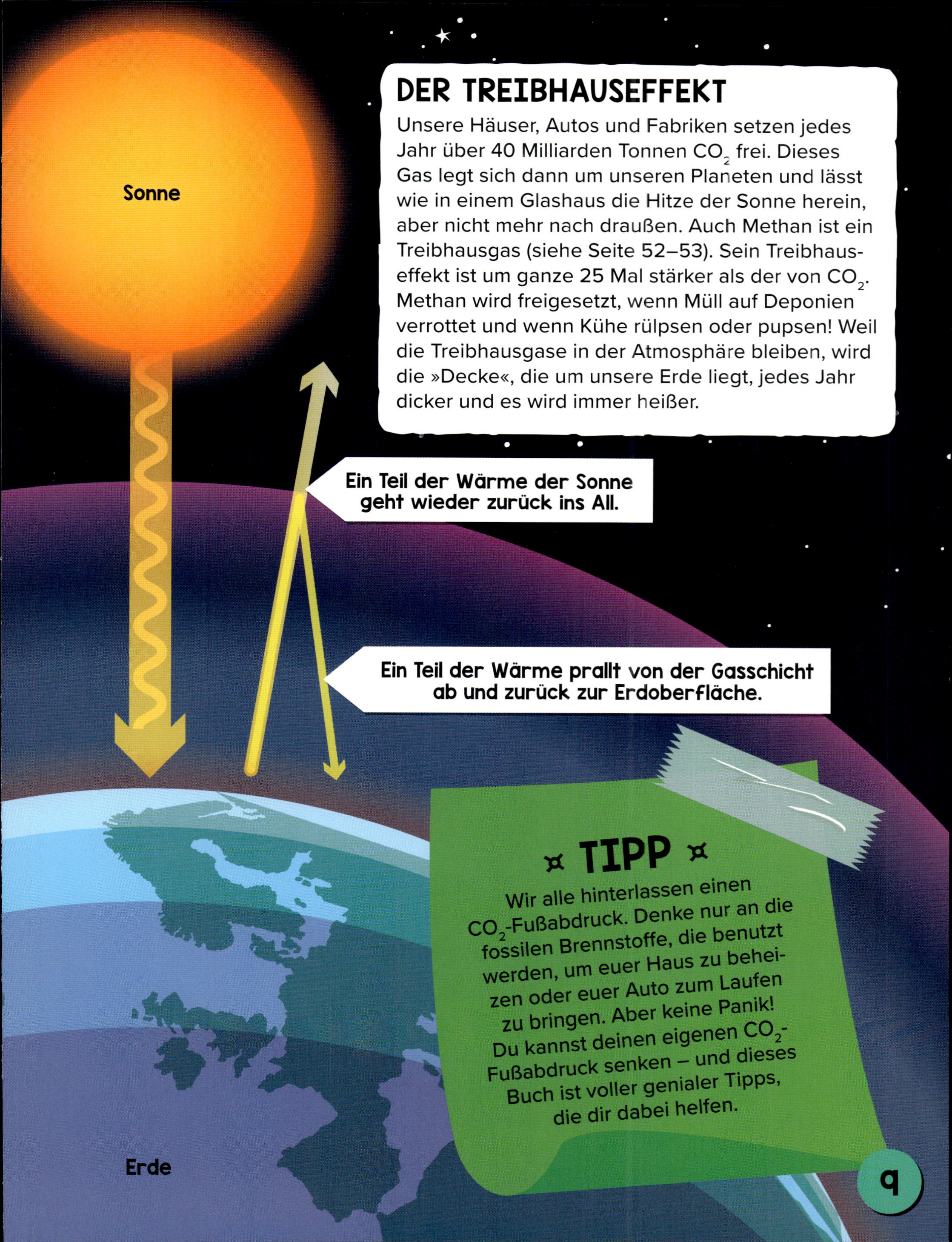

DER TREIBHAUSEFFEKT

Unsere Häuser, Autos und Fabriken setzen jedes Jahr über 40 Milliarden Tonnen CO_2 frei. Dieses Gas legt sich dann um unseren Planeten und lässt wie in einem Glashaus die Hitze der Sonne herein, aber nicht mehr nach draußen. Auch Methan ist ein Treibhausgas (siehe Seite 52–53). Sein Treibhauseffekt ist um ganze 25 Mal stärker als der von CO_2. Methan wird freigesetzt, wenn Müll auf Deponien verrottet und wenn Kühe rülpsen oder pupsen! Weil die Treibhausgase in der Atmosphäre bleiben, wird die »Decke«, die um unsere Erde liegt, jedes Jahr dicker und es wird immer heißer.

¤ TIPP ¤

Wir alle hinterlassen einen CO_2-Fußabdruck. Denke nur an die fossilen Brennstoffe, die benutzt werden, um euer Haus zu beheizen oder euer Auto zum Laufen zu bringen. Aber keine Panik! Du kannst deinen eigenen CO_2-Fußabdruck senken – und dieses Buch ist voller genialer Tipps, die dir dabei helfen.

WETTER UND WASSER

Der Klimawandel ist ein weltweites Problem. Denn das Wetter macht nicht an den Grenzen von Ländern halt. Unser Planet ist ein einziges großes, miteinander verbundenes System – und das Lebenselixier dieses Systems heißt Wasser.

DER KREISLAUF DES WASSERS

Wasser kann eine Flüssigkeit, ein Gas (Wasserdampf) oder in festem Zustand sein (Eis), je nachdem, welche Temperatur es hat. Wenn Wasser von der Sonne erwärmt wird, steigt es als Dampf auf. Dann kühlt es wieder zu einer Flüssigkeit ab und fällt als Regen auf den Boden. Das passiert in einem ständigen Kreislauf.

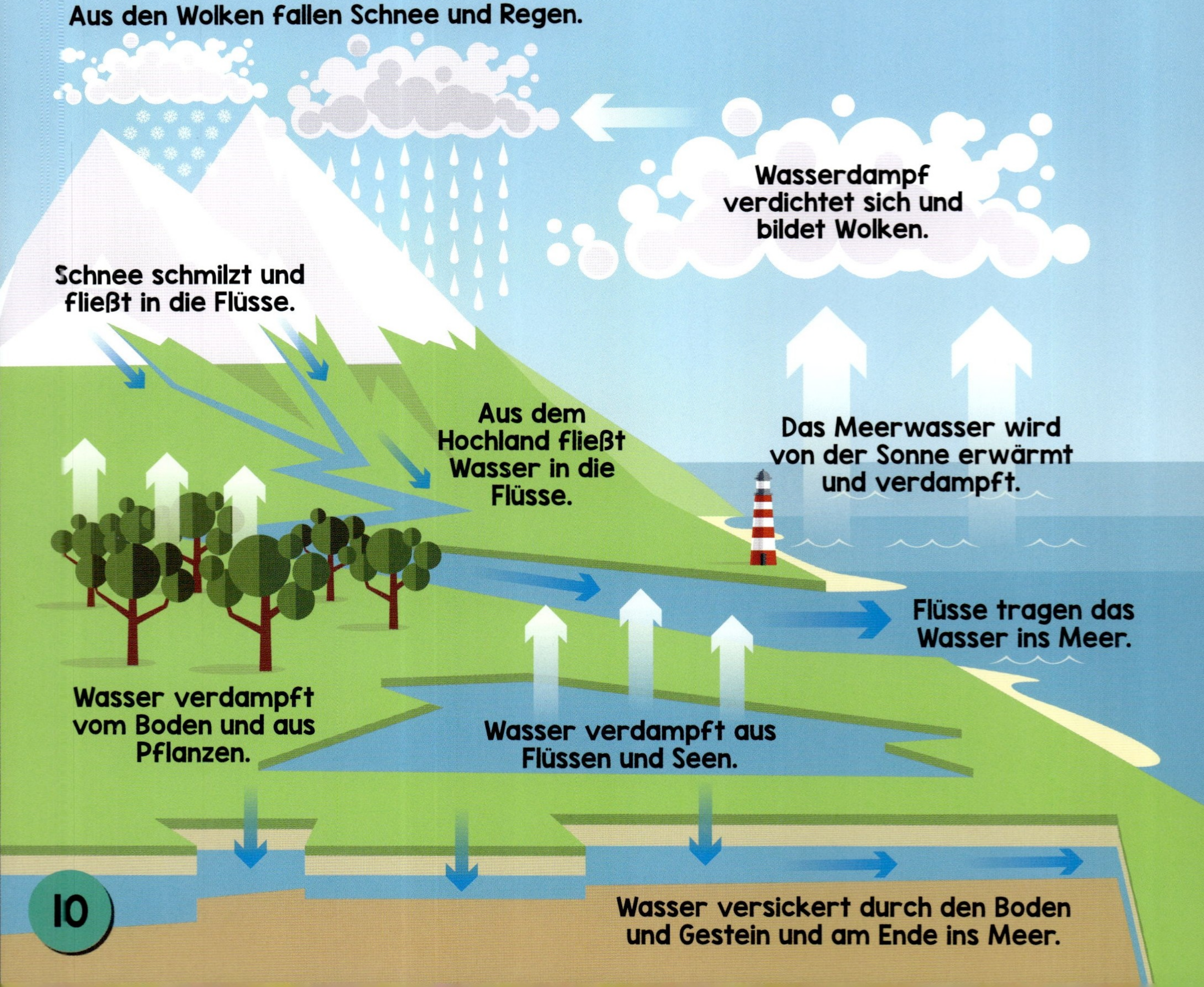

WAS IST KLIMA?

Das regelmäßige Wettermuster über einen langen Zeitraum nennt man Klima. Verschiedene Orte haben ein unterschiedliches Klima – manche sind heiß und trocken, andere kalt und feucht. Ein irrer Schneesturm oder eine Hitzewelle hier und da bedeutet noch nichts Schlimmes. Aber wenn das Wetter über einen längeren Zeitraum immer verrückter wird, ist das ein sicheres Zeichen, dass sich das Klima ändert. Und das bedeutet, dass die Erde in Gefahr sein könnte. In den folgenden Kapiteln werden wir herausfinden, warum der Klimawandel ein Problem ist und was man tun kann, um ihn zu bekämpfen.

Wir brauchen Wasser zum Trinken und um Pflanzen anzubauen, aber nicht so viel davon, dass es unser Zuhause überflutet. Wir brauchen Sonnenlicht und Wärme für die Landwirtschaft, aber nicht so viel, dass der Boden verbrennt. Wenn sich das Klima ändert, wird das empfindliche Gleichgewicht der Erde bedroht.

FAKT

Die Zahl der Dürren, Überflutungen und anderer ungewöhnlicher Wetterereignisse, die jährlich passieren, hat sich seit 1980 verdoppelt.

DAS MEER

Fast drei Viertel unseres blau-grünen Planeten sind von Meeren bedeckt. Diese riesige, bewegte Wassermasse treibt verschiedene Klimata und Wettersysteme an. Aber es gibt Veränderungen: Die Erde erhitzt sich, und 90 % dieser Hitze werden von unseren Meeren und Ozeanen aufgenommen. Das hat bereits heute dramatische Auswirkungen. Morgen könnten sie zur Katastrophe werden.

Die meiste Hitze der Sonne wird im Ozean gespeichert – oft für Hunderte von Jahren. Das Meer gibt langsam einen Teil der Hitze ab, indem es die Luft erwärmt, indem das Wasser auf der Oberfläche verdampft und das Eis an den Polen schmilzt. Aber das Meer speichert mehr Hitze, als es abgibt. Dadurch werden Meere und Ozeane immer wärmer.

DER MEERESSPIEGEL STEIGT

Im Lauf von Milliarden von Jahren steigt und sinkt der Meeresspiegel (also die Höhe des Meeres), so wie sich auch Kontinente verschieben und Eiszeiten kommen und gehen. Aber im Moment steigen die Meeresspiegel sehr schnell an. Warum? Weil sich das Wasser ausdehnt und schmelzendes Eis hinzukommt, was beides durch die menschengemachte globale Erwärmung verursacht wird.

WASSER DEHNT SICH AUS

Wenn sich Wasser erwärmt, dehnt es sich aus (wird also größer). Wenn sich Meere erwärmen, lässt die Ausdehnung des Wassers unsere Wasserspiegel an den Küsten steigen und verursacht Überflutungen. Wissenschaftler messen den Meeresspiegel und berechnen die Meerestemperatur mithilfe von Satelliten. Sie beobachten die Erwärmung der Ozeane auch, indem sie Thermometer an verschiedenen Stellen und Tiefen im Meer platzieren.

FAKT

Die Meeresspiegel sind seit 1900 um 20 cm gestiegen. Wenn die Erde sich weiter so erhitzt wie bisher, könnte der Meeresspiegel bis 2100 um ganze 2 m ansteigen!

SCHMELZENDES EIS

Die Arktis, die Gegend um den Nordpol, besteht aus gefrorenem Meerwasser. Wenn ihr Eis schmilzt, steigt der Meeresspiegel nicht an, weil kein zusätzliches Wasser in den Ozean fließt. Das gilt auch für die riesigen Eisschollen, die die Küsten der Antarktis umgeben. Doch wenn riesige Eisplatten von der Küste ins Meer stürzen, gibt es nichts mehr, das die Gletscher auf dem Land zurückhält. Diese gewaltigen Flüsse aus Eis schmelzen langsam ins Meer und heben damit den Meeresspiegel an. Auch Gebirgsgletscher überall auf der Welt schmelzen und schwemmen große Mengen an Wasser in die Flüsse, die ins Meer fließen und ebenfalls den Meeresspiegel erhöhen.

Wenn Schnee und Eis schmelzen, verlieren wir große Flächen mit einer weißen Oberfläche, die das Sonnenlicht zurück ins Weltall strahlen. Die zurückbleibenden dunklen Flächen erwärmen sich viel stärker. Auf dem Mount Everest tauen durch die schmelzenden Gletscher sogar die gefrorenen Körper von Bergsteigern auf, die vor langer Zeit starben.

FAKT

Würde der ganze Eispanzer, der die Antarktis bedeckt, schmelzen, würden die Meeresspiegel um 58 m ansteigen!

ÜBERSCHWEMMUNGEN

Stell dir vor, der Meeresspiegel steigt um einen Meter an. Das hört sich gar nicht so schlimm an, oder? Aber wenn du in einem tief gelegenen Land lebst, ist das sehr bedrohlich! Selbst ein Anstieg um ein paar Zentimeter würde Küstengegenden auf der ganzen Welt überfluten. Das ist ein großes Problem für Millionen von Menschen, denn die meisten großen Städte liegen am Meer.

INSELN IN GEFAHR

Die Malediven, eine Gruppe von Inseln im Indischen Ozean, sind das tiefste Land der Welt – sie liegen nur 1,5 m über dem Meeresspiegel. Die meisten der 1190 Inseln der Malediven werden bis 2100 komplett unter Wasser sein, wenn der Meeresspiegel weiter so ansteigt wie bisher. Bevor das passiert, werden andere Probleme entstehen: Salzwasser wird in das Land fluten und die Süßwasservorräte verderben. Die Einwohner der Malediven bekämpfen den Klimawandel, indem sie Strom aus Windturbinen und Solarzellen erzeugen, anstatt sich auf fossile Brennstoffe zu verlassen.

STÜRMISCHE GEZEITEN

Die Gezeiten bzw. Tiden sind das tägliche Steigen (Flut) und Fallen (Ebbe) des Meeresspiegels, verursacht durch die Schwerkraft der Sonne und des Mondes. Problematisch wird es, wenn eine hohe Flut gleichzeitig mit einem Sturm auftritt – dann erhebt sich ein riesiger Wasserschwall, der in das Landesinnere drückt. Küstenregionen werden überflutet. Da die Meeresspiegel ansteigen, treten Überflutungen häufiger auf und verwüsten große Flächen.

FAKT

Überflutungen bei einer hohen Tide sind in den USA heute bis zu 9-mal häufiger, als sie es vor 50 Jahren waren.

Durch einen Anstieg der Meeresspiegel kommt es im US-Staat Florida immer häufiger zu Überschwemmungen, wodurch Strandhäuser im Wasser versinken. Einige Straßen und Häuser werden abgerissen und etwas erhöht wieder aufgebaut. Aber bis 2100 könnte trotzdem jedes achte Haus in Florida unter Wasser stehen.

MEERESSTRÖMUNGEN VERÄNDERN SICH

Meeresströmungen sind Ströme von kaltem oder warmem Wasser, die ständig um unseren Planeten fließen und damit verschiedene Klimata und Wetter erzeugen. Diese Strömungen verlangsamen sich.

EIN GLOBALES FÖRDERBAND

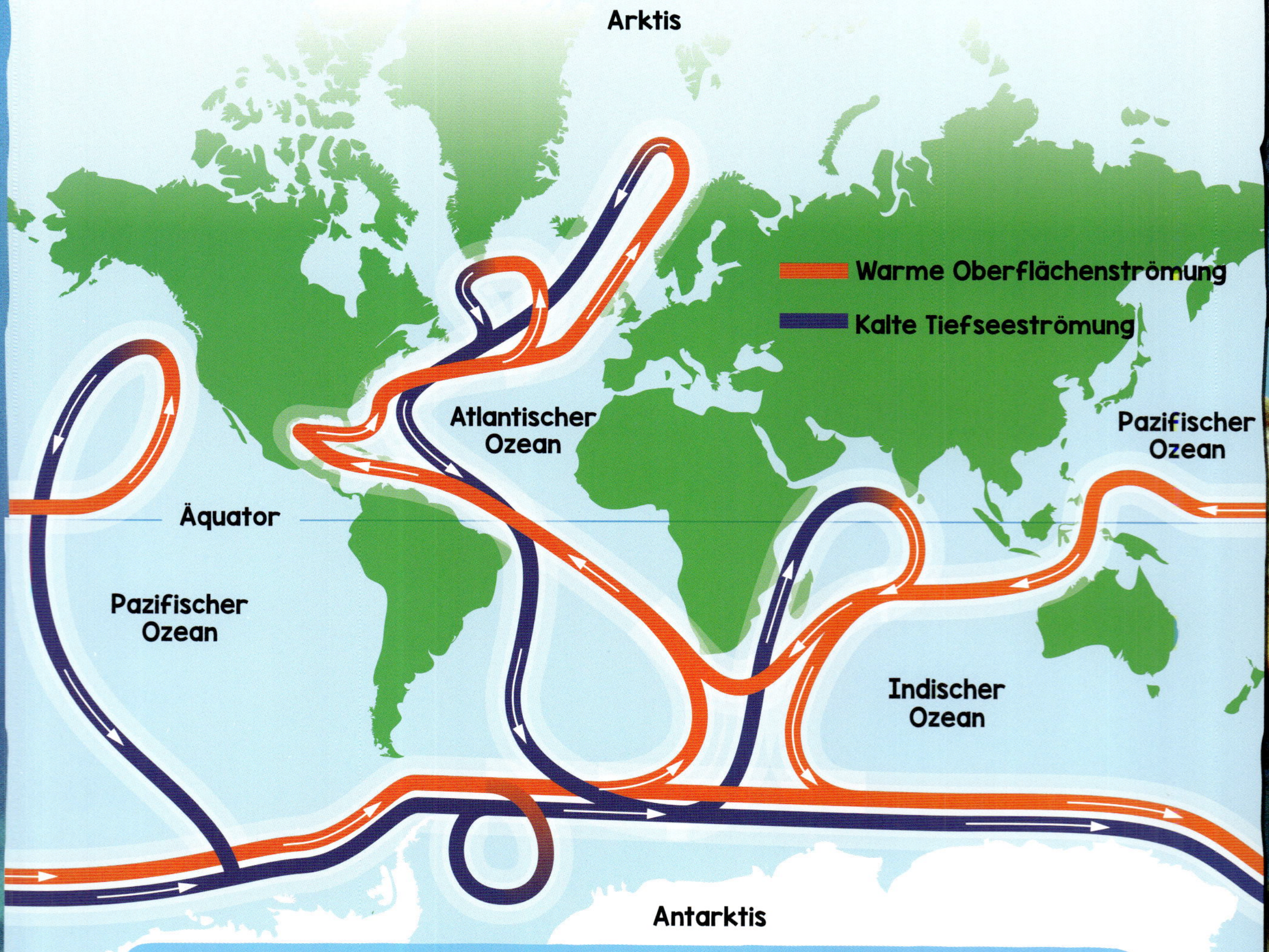

Das Meer ist nicht nur an der Oberfläche in ständiger Bewegung. Rund um den Globus gibt es starke Meeresströmungen. An den Polen sinkt kaltes Wasser hinab und reist in tiefen Strömungen um die Erde. In den tropischen Regionen nahe dem Äquator erwärmt es sich, steigt auf und gibt Wärme an die Luft ab, während es zu den Polen zurückfließt.

EISWASSER

Die kalten, tiefen Wasser an den Polen sind der Motor, der die Meeresströmungen der Erde in Bewegung hält. Wenn die Eiskappen schmelzen, fließt mehr Süßwasser in die Polarmeere. Süßwasser hat eine geringere Dichte als Salzwasser und sinkt deshalb nicht so leicht nach unten, wo es die kalten Meeresströmungen in Gang setzen könnte. Mit einem schwächeren Motor verlangsamt sich das gesamte System der Meeresströmungen.

FAKT

Wissenschaftler haben festgestellt, dass die Meeresströmungen seit 1950 um 15 % langsamer geworden sind.

Verlangsamte atlantische Ströme können kältere Winter und heißere Sommer nach Europa bringen. Warmes Wasser, das sich an der Ostküste der USA bildet, verursacht schwere Stürme und vertreibt Fischarten wie den Kabeljau.

LANGSAM, ABER NICHT STABIL

Warum macht es etwas aus, dass sich die Meeresströmungen verlangsamen? Der Ozean speichert eine große Menge der Sonnenhitze. Die Meeresströmungen verteilen diese Wärme um den Erdball. Warme Strömungen bringen auch wichtigen Regen mit sich, denn warmes Wasser verdampft und bildet Regenwolken. Ohne diese Strömungen wären die Temperaturen auf der Erde viel extremer und mehr Regionen würden unbewohnbar werden.

Voll korrekt oder voll daneben?

- [ ] Es kann 1000 Jahre dauern, bis Wasser um den Erdball gereist ist und eine Schleife im Netz der Meeresströmungen vervollständigt hat.
- [ ] Kaltes Wasser steigt und warmes Wasser sinkt.

Die richtigen Antworten findest du auf Seite 64.

DIE MEERES-BEWOHNER LEIDEN

Durch den Klimawandel gibt es immer weniger vereiste Lebensräume, die Meere werden zu warm und versauern. Darunter leiden viele Fische und andere Meerestiere.

SCHÄDLICHE HITZE

Durch die sich erwärmenden Ozeane bekommen einige Fischarten zu viele männliche oder weibliche Babys. Ihre Fortpflanzung funktioniert also nicht mehr so gut. Das Plankton – sehr kleine Pflanzen und Tiere im Meer – bevorzugt in der Regel kälteres Wasser. Wenn es aufgrund der Wärme stirbt, könnten sehr viele Nahrungsketten zusammenbrechen. Denn Plankton ist Nahrung für Fische und Garnelen, die wiederum von Haien, Robben und Delfinen gefressen werden. Auch Eisbären sind durch die Erderwärmung bedroht. Weil die Eisfläche auf dem Arktischen Meer schmilzt, haben sie weniger Platz, um zu jagen, sich auszuruhen und Junge zu bekommen.

SÄURE IM OZEAN

Das Meer nimmt einen Teil des CO_2 aus der Luft auf – rund ein Drittel des von uns Menschen produzierten CO_2 endet im Ozean. Dort kann es zwar keinen Treibhauseffekt entfalten, aber es richtet anderen Schaden an. Wenn sich das CO_2 im Meerwasser auflöst, bildet sich Kohlensäure. Das Wasser wird also sauer. Für Fische ist es sehr schwer, aus saurem Wasser Sauerstoff aufzunehmen, und Hummer, Krabben und Austern können keine harte Schale mehr bilden. Wenn die Meere versauern, haben viele Meeresbewohner Schwierigkeiten, so die Korallen, deren Skelette die Korallenriffe bilden.

FAKT

Korallenriffe schützen Küsten vor Stürmen und Überflutungen. In ihnen findet etwa ein Viertel aller Meereslebewesen ein Zuhause.

Auf Korallen leben kleine Algen, die ihnen Energie und ihre Farbe geben. Wenn das Wasser zu warm wird, sterben die Algen, wodurch auch die Korallen verhungern und weiß werden. Dieses Ausbleichen von Korallen hat seit 2016 schon die Hälfte des australischen Great Barrier Reef getötet.

KÄMPFE GEGEN DEN KLIMAWANDEL!

Beim Kampf zum Schutz unseres Planeten geht es darum, weniger CO_2 freizusetzen, indem wir weniger fossile Brennstoffe verbrennen. Du kannst deinen CO_2-Fußabdruck mit einigen leichten Schritten kleiner machen.

¤ TIPP ¤

Vermeide Kleidung aus Polyester oder Nylon – jedes Mal, wenn sie gewaschen wird, sickern bis zu 700 000 Teile von Mikroplastik durch den Abfluss und können in Flüssen und dem Meer enden.

WAS KANNST DU TUN?

- ✓ Kaufe weniger Sachen, benutze sie mehrmals und recycle sie. Dann müssen weniger fossile Brennstoffe verbrannt werden, mit denen die Fabriken betrieben werden, die unsere Kleidung, Spielsachen, Essensverpackungen und all die anderen Dinge herstellen.
- ✓ Schalte Geräte aus. Spare Energie, um den Planeten zu retten.
- ✓ Verwende zum Einkaufen einen Stoffbeutel.
- ✓ Nimm für unterwegs deine eigene Wasserflasche.
- ✓ Sieh dich nach Schätzen in Secondhandläden oder auf Flohmärkten um.
- ✓ Benutze so viele Sachen wie möglich mehrmals, und dann spende sie, damit andere Leute sie wiederverwenden können.
- ✓ Recycle – schmeiß deinen Müll nicht irgendwohin.

WERDE AKTIV!

Spare Geld – und rette den Planeten –, indem du dein eigenes Geschenkpapier und Karten herstellst – und mach ein paar einfache Experimente zum Thema Meer.

GRUSSKARTEN

Klebe Motive aus alten Zeitschriften auf selbst gebastelte Karten.

AUFRÄUMEN AM STRAND

Sammle Müll vom Strand auf, damit er nicht das Meer und die Umwelt verschmutzt.

SAURER OZEAN

Suche nach zwei ähnlichen Muscheln. Leg eine in ein Glas voll Wasser und die andere in ein Glas mit weißem Essig (der ist sauer). Vergleiche sie nach 24 Stunden.

EISBERGE SCHMELZEN

Fülle ein Glas mit Wasser und Eiswürfeln (Eisberge). Markiere den Wasserstand am Glas. Steigt der Pegel, wenn das Eis geschmolzen ist?

WEISST DU WASSERDICHT BESCHEID?

Die richtigen Antworten findest du auf Seite 64.

Teste dein Wissen ...

1. Was wird mehr, wenn der Meeresspiegel steigt?

- **A.** die Anzahl an Fischen
- **B.** die Überflutungen
- **C.** tropische Stürme

2. Was passiert mit den Meeresströmungen, wenn die Erde wärmer wird?

- **A.** Sie verlangsamen sich.
- **B.** Sie werden schneller.
- **C.** Sie verschwinden.

3. Was entsteht, wenn sich CO_2 im Ozean auflöst?

- **A.** arktische Säure
- **B.** atlantische Säure
- **C.** Kohlensäure

WILDES WETTER

Es ist nicht leicht, die Erderwärmung zu verstehen. Während einige Teile der Welt wärmer und trockener werden, werden andere von eisigen Stürmen eingefroren oder von schweren Regenfällen heimgesucht. Darum sprechen wir von einem Klimawandel. Während sich die Erde aufheizt, wird unser Wetter anders, seltsam und oft wild.

Seit den 1950ern regnet und stürmt es auf der Erde häufiger. Abwasserkanäle und Abflüsse werden überflutet, weil sie die plötzlichen großen Mengen an Regen nicht aufnehmen können. Flüsse treten über ihre Ufer und überschwemmen das umliegende Land.

STARKE WINDE

Wenn heiße, feuchte Luft über den tropischen Ozeanen aufsteigt, kann sie sich zu riesigen Wirbelstürmen sammeln. Diese Hurrikane, auch Zyklone oder Taifune genannt, bringen vernichtenden Regen, Wind und Wellen.

RIESIGE HURRIKANE

Viele große Regenwolken, die sich über warmen Meeren zusammenstauen, sammeln Energie durch die von der Drehbewegung der Erde verursachten Winde. Diese Hurrikane, teilweise 500 km breit, stürmen über den Ozean und saugen dann noch mehr Energie aus dem Wasser.

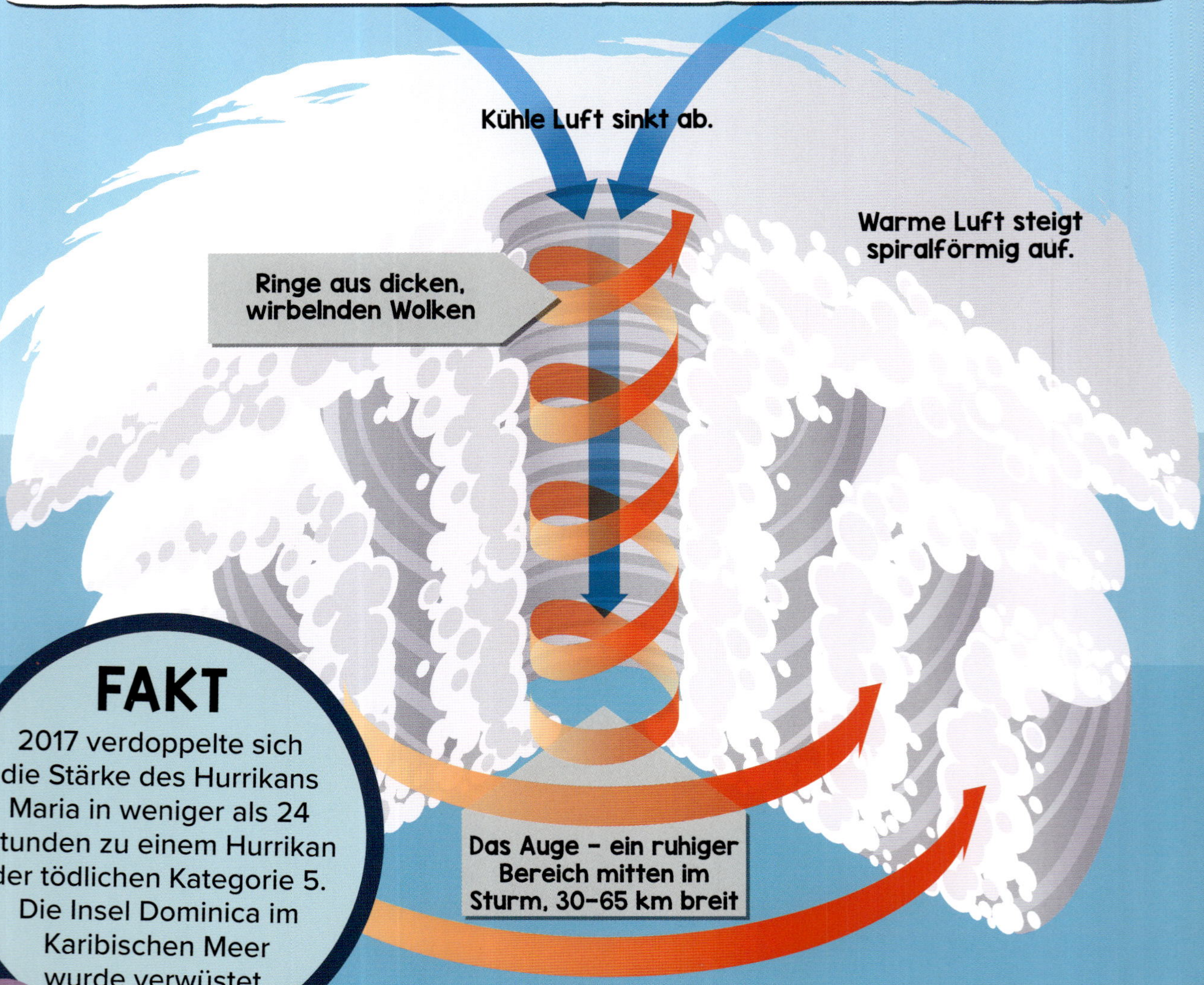

FAKT

2017 verdoppelte sich die Stärke des Hurrikans Maria in weniger als 24 Stunden zu einem Hurrikan der tödlichen Kategorie 5. Die Insel Dominica im Karibischen Meer wurde verwüstet.

Der Zyklon Nargis fegte 2008 mit einer Flut von Hochwasser bis zu 40 km ins Inland von Myanmar in Südostasien. Mehr als 84 000 Menschen starben und 53 000 wurden vermisst. Einige Städte und Dörfer wurden ausgelöscht.

TOBENDE TORNADOS

Ein Tornado ist eine sich drehende Säule aus Luft, die sich aus einer Sturmwolke heraus zum Boden bewegt. Jedes Jahr zwischen März und Juni wüten diese Stürme durch die »Tornado-Gasse« der USA. Das wärmer werdende Meerwasser im Golf von Mexiko erzeugt mehr und mehr Sturmwolken. Wissenschaftler sind sich noch nicht sicher, ob dies auch zu mehr Tornados führt. Aber die Erwärmung könnte die Tornado-Gasse in Richtung Osten verschieben, in dichter besiedelte Gegenden.

FAKT

Nicht weniger als 1200 Tornados treffen die USA jedes Jahr. Mit einer Stärke von bis zu 480 km/h fegen sie Häuser und Autos fort und können sogar Wasser aus Flüssen saugen!

EXTREMER REGEN

Dadurch, dass sich die Ozeane erwärmen, steigt immer mehr Feuchtigkeit von der Wasseroberfläche auf. Die Luft nimmt das Wasser auf, der Wind trägt es fort und entlädt es als Regen auf Städte und Felder – manchmal mit verheerenden Folgen.

STARKE REGENGÜSSE

In Städten fließt das Regenwasser in Gullys, da es kaum versickern kann. Bei Starkregen drückt das Wasser in der Kanalisation manchmal schädliches Abwasser in die Häuser. Auf dem Land zerstört starker Regen die Ernte der Bauern und verursacht Lebensmittelknappheit. Mit Wasser vollgesaugte Hänge können abrutschen und kilometerweit bergab rasen. Die Abholzung von Wäldern verursacht noch mehr solcher Erdrutsche, denn der Boden wird nicht länger von Baumwurzeln zusammengehalten.

FAKT

Die Regenfälle im Amazonas-Regenwald haben sich in den letzten Jahrzehnten verstärkt. Das ist ein direktes Ergebnis der Erwärmung des Atlantischen Ozeans.

PLÖTZLICHES AUFWEICHEN

Der meiste Regen entsteht aus dem verdunsteten Wasser des Meeres. Aber auch auf dem Land findet Verdunstung statt, wenn Feuchtigkeit vom Boden, von Pflanzen, Flüssen und Seen aufsteigt. Weil sich die Erde erwärmt, verdunstet mehr Wasser, wodurch ganze Gebiete ihre Feuchtigkeit verlieren und austrocknen. Seltsamerweise enden manche dieser Dürren in Indien mit heftigem Regen. Das ausgetrocknete Land, das vorher so hart gebacken war wie ein Kuchen, kann das Wasser dann nicht mehr aufnehmen und wird überflutet.

Ein Monsun ist eine Jahreszeit mit heftigem Regen, die in den meisten tropischen Ländern auftritt. Steigende Mengen von Feuchtigkeit aus dem erwärmten Indischen Ozean führen zu heftigem Monsunregen in Indien. Wasser wird benötigt, um Lebensmittel anzubauen, aber zu viel davon kann die Ernten vernichten.

Voll korrekt oder voll daneben?

- ☐ Experten sind sich zu 90 % sicher, dass der Klimawandel stärkere und häufigere Regenfälle bringen wird.
- ☐ Der Monsun ist ein Zeitraum von extremer Dürre.

Die richtigen Antworten findest du auf Seite 64.

ÜBERFLUTUNGEN

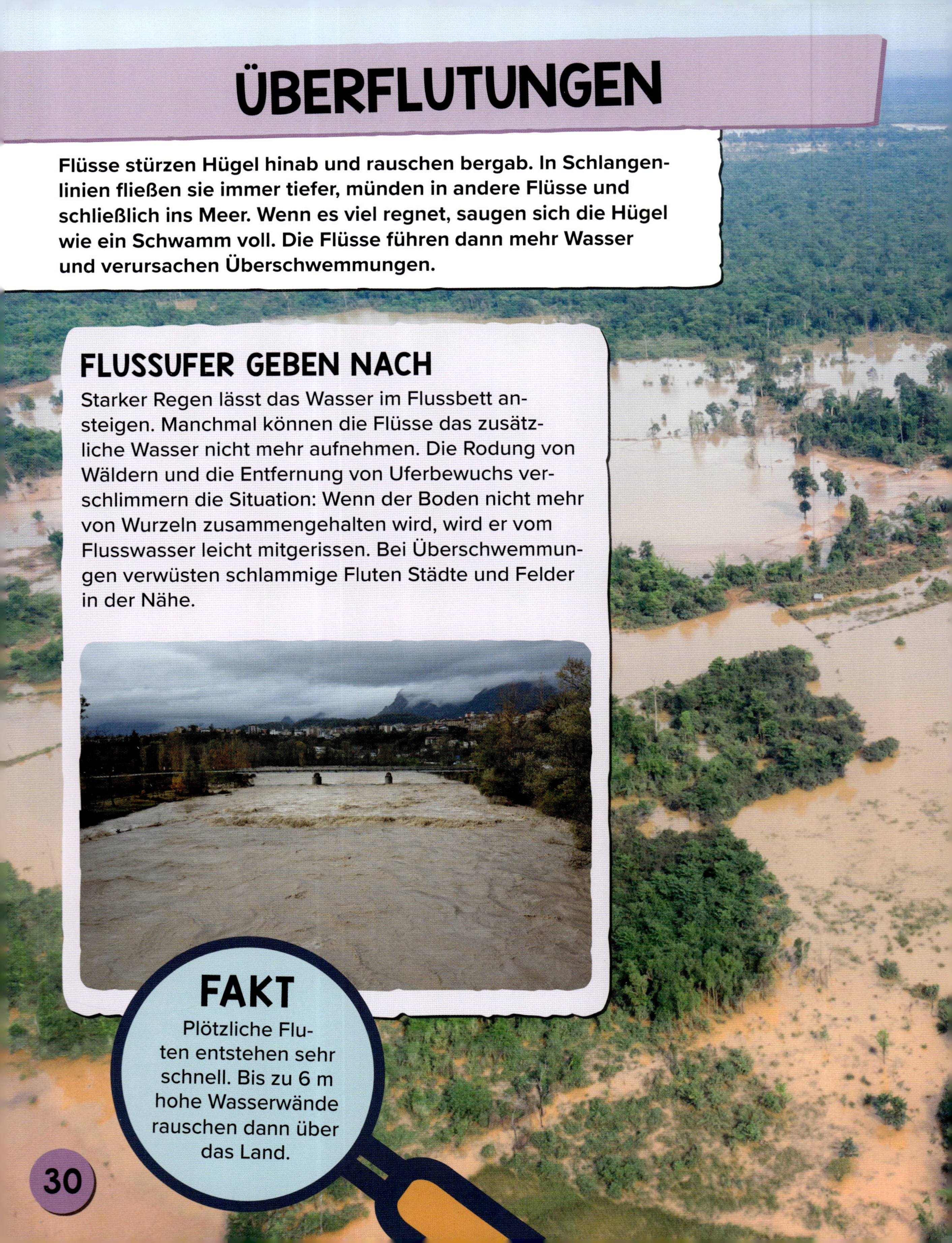

Flüsse stürzen Hügel hinab und rauschen bergab. In Schlangenlinien fließen sie immer tiefer, münden in andere Flüsse und schließlich ins Meer. Wenn es viel regnet, saugen sich die Hügel wie ein Schwamm voll. Die Flüsse führen dann mehr Wasser und verursachen Überschwemmungen.

FLUSSUFER GEBEN NACH

Starker Regen lässt das Wasser im Flussbett ansteigen. Manchmal können die Flüsse das zusätzliche Wasser nicht mehr aufnehmen. Die Rodung von Wäldern und die Entfernung von Uferbewuchs verschlimmern die Situation: Wenn der Boden nicht mehr von Wurzeln zusammengehalten wird, wird er vom Flusswasser leicht mitgerissen. Bei Überschwemmungen verwüsten schlammige Fluten Städte und Felder in der Nähe.

FAKT

Plötzliche Fluten entstehen sehr schnell. Bis zu 6 m hohe Wasserwände rauschen dann über das Land.

LEBEN IN GEFAHR

Ärmere Länder rund um den Äquator werden am meisten unter dem Klimawandel leiden. Diese tropischen Gegenden werden höhere Temperaturen, stärkere Hurrikane, Regenfälle und Überschwemmungen erleben. Wenn Flüsse über ihre Ufer treten und Häuser und Felder überfluten, ist das für Menschen in ärmeren Ländern besonders schlimm. Sie haben oft kein Geld, um ihre Häuser wieder aufzubauen, und es mangelt an Essen und Trinkwasser. Schmutziges Trinkwasser verursacht Krankheiten, zum Beispiel Cholera.

400 Millionen Menschen in elf Ländern entlang des Nils in Afrika hängen von diesem Fluss ab. Doch im äthiopischen Hochland, wo die Hauptquelle des Flusses liegt, häufen sich die Regenfälle. Viele Häuser und Farmen werden von extremen Überschwemmungen zerstört.

GROSSE KÄLTE

Warum werden einige Teile der Welt unter Schneestürmen begraben oder von Blizzards vereist, obwohl sich unser Planet doch erwärmt? Der Klimawandel verursacht mehr extremes Wetter – und das kann auch sehr kalt bedeuten.

FAKT

Das Wetter spielt verrückt und auch die Hagelkörner werden größer. Mach dich auf Eiskugeln in der Größe von Orangen gefasst!

POLARWIRBEL

Die Eiswinde, die um die Pole wirbeln, sind als Polarwirbel bekannt. Im Januar 2019 dehnte sich der Arktische Polarwirbel viel weiter nach Süden aus als sonst. Teile des Nordostens von Nordamerika wurden zugefroren und im normalerweise warmen Süden der USA fiel Schnee. Der Polarwirbel wurde teilweise durch Winde beeinflusst, die von sich erwärmenden Meeren herkamen, aber am meisten durch eine Unterbrechung des Jetstreams.